essentials

essentials liefern aktuelles Wissen in konzentrierter Form. Die Essenz dessen, worauf es als „State-of-the-Art" in der gegenwärtigen Fachdiskussion oder in der Praxis ankommt. *essentials* informieren schnell, unkompliziert und verständlich

- als Einführung in ein aktuelles Thema aus Ihrem Fachgebiet
- als Einstieg in ein für Sie noch unbekanntes Themenfeld
- als Einblick, um zum Thema mitreden zu können

Die Bücher in elektronischer und gedruckter Form bringen das Expertenwissen von Springer-Fachautoren kompakt zur Darstellung. Sie sind besonders für die Nutzung als eBook auf Tablet-PCs, eBook-Readern und Smartphones geeignet. *essentials:* Wissensbausteine aus den Wirtschafts-, Sozial- und Geisteswissenschaften, aus Technik und Naturwissenschaften sowie aus Medizin, Psychologie und Gesundheitsberufen. Von renommierten Autoren aller Springer-Verlagsmarken.

Weitere Bände in der Reihe http://www.springer.com/series/13088

Christa Reicher

Erfassung, Bewertung und Sicherung der Stadtgestalt

Schnelleinstieg für Architekten und Planer

Springer Vieweg

Christa Reicher
Dortmund, Deutschland

ISSN 2197-6708   ISSN 2197-6716   (electronic)
essentials
ISBN 978-3-658-21888-1   ISBN 978-3-658-21889-8   (eBook)
https://doi.org/10.1007/978-3-658-21889-8

Die Deutsche Nationalbibliothek verzeichnet diese Publikation in der Deutschen Nationalbibliografie; detaillierte bibliografische Daten sind im Internet über http://dnb.d-nb.de abrufbar.

Gedruckt auf säurefreiem und chlorfrei gebleichtem Papier

Springer Vieweg ist ein Imprint der eingetragenen Gesellschaft Springer Fachmedien Wiesbaden GmbH und ist ein Teil von Springer Nature
Die Anschrift der Gesellschaft ist: Abraham-Lincoln-Str. 46, 65189 Wiesbaden, Germany

Was Sie in diesem *essential* finden können

- Einen Überblick über die Aufgaben von Stadtgestaltung im planerischen Kontext
- Die Einbettung von Stadtgestaltung in historische Leitbilder sowie den aktuellen Diskurs
- Eine Auseinandersetzung mit verschiedenen Theorien
- Hinweise zur methodischen Erfassung und Bewertung der Stadtgestalt
- Einen Einblick in verschiedene Instrumente und Verfahren zur Gestaltsicherung

Inhaltsverzeichnis

Der Diskurs über die Gestaltung der Stadt wird geführt, seit es Städte gibt.

Immer dann, wenn große Umbrüche infolge eines Paradigmenwechsels oder veränderter Wertvorstellungen bevorstehen, verstärkt sich diese Debatte. Herausforderungen wie technologische Innovationen, kulturelle Einflüsse, ökologische Krisen oder der soziale und demografische Wandel wirken sich auf die Gestalt der Stadt aus und verstärken deren Dynamik. So haben Umbruchphasen und Entwicklungssprünge – wie die extreme Verstädterung während der Zeit der Industrialisierung oder städtebauliche Leitbilder wie die „Autogerechte Stadt" – die Gestalt der Stadt radikal verändert. Derzeit bietet der soziale und demografische Wandel das Potenzial, grundlegend über die Gestalt der Stadt im Sinne von Nachhaltigkeit, Nutzungsmischung und neuen Raumtypologien nachzudenken.

Die Stadtgestalt ist eine wesentliche Komponente des Städtebaus. Sie umfasst das gesamte bauliche Gefüge in Grundriss und Aufriss und die damit einhergehenden Bedeutungen. Dabei ist die Gestalt der Stadt nicht statisch, sondern im Rahmen der Stadtentwicklung aktiv beeinflussbar. Während sich die Stadtgestalt in erster Linie auf die materielle Ebene bezieht, beinhaltet der Begriff der Stadtgestaltung auch den Herstellungsprozess der gebauten Umwelt. Relevant ist demnach, welche gesellschaftlichen Ansprüche an die Stadtgestalt formuliert werden und mit welchen städtebaulichen und architektonischen Mitteln sowie mit welchen Instrumenten und Verfahren der Qualitätssicherung eine gute Gestaltung zu erreichen ist (vgl. Trieb 1974, S. 39).

Die Auffassungen, wie und mit welchen Verfahren und Instrumenten auf die Gestalt der Stadt Einfluss genommen und wie das Ziel einer attraktiven, lebendigen und qualitätsvollen urbanen Struktur befördert werden kann, sind äußerst unterschiedlich. Während die einen eher auf Vorgaben und Leitfäden für Gestaltqualität vertrauen, räumen die anderen dem Prozess der Gestaltung und dem Diskurs über Gestaltqualität einen höheren Stellenwert ein. In einem Punkt sind

© Springer Fachmedien Wiesbaden GmbH, ein Teil von Springer Nature 2018
C. Reicher, *Erfassung, Bewertung und Sicherung der Stadtgestalt*, essentials,
https://doi.org/10.1007/978-3-658-21889-8_1

sich die Akteure und Stadtexperten jedoch einig: Die Menschen sind das größte Kapital, über das eine Stadt verfügt. Dieses Kapital steht in einem unmittelbaren Zusammenhang zur Lebensqualität, die wiederum maßgeblich durch die Attraktivität des Lebens- und Arbeitsumfeldes bestimmt wird.

Die Stadtgestalt hat somit verschiedene Komponenten – ästhetische, ökologische, ökonomische und nicht zuletzt soziale –, die zusammen wirken und Einfluss nehmen auf die Qualität der Gestalt. Neben einzelnen herausragenden Bauten und Ensembles, die als Leuchttürme die Stadtgestalt maßgeblich bestimmen können, spielt auch die Alltagsarchitektur eine ausgesprochen große Rolle.

Dieses *essential* liefert eine Einführung in das weite Feld der Gestaltung von Stadt und will zu einer intensiveren Auseinandersetzung mit dem Thema anregen.

Definition und Aufgabe 2

Der Begriff der Stadtgestalt hat zweierlei Bedeutung: zum einen die objektive Erscheinung im Sinne der physischen Substanz einer Stadt, und zum anderen die subjektive Wahrnehmung durch und auf den Menschen. Damit schließt das Verständnis von Stadtgestalt sowohl die materielle Gestalt als auch immaterielle Faktoren wie Atmosphäre oder Vielfalt ein. In der Stadtgestalt präsentiert sich die urbane Umwelt mit all ihren Kräften, Einflüssen und Elementen. Stadtgestalt lässt sich demnach nicht auf die äußere Erscheinung reduzieren, sondern die der Gestalt zugrunde liegenden Nutzungen und die hieraus resultierenden Einflüsse und Aktivitäten sind in das Verständnis von Stadtgestalt einzubeziehen.

Welche Bedeutung Stadtgestaltung innerhalb der Stadtplanung und des Städtebaus hat und mit welchen Aufgaben sie verbunden ist, wird von den beteiligten Akteuren und Disziplinen unterschiedlich gesehen.

2.1 Stadtgestaltung als künstlerische Aufgabe

Cordon Cullen beschreibt Stadtgestaltung als die Kunst, die Straßen, Gebäude und Räume, welche die gebaute Umwelt ausmachen, in einen geordneten visuellen Zusammenhang zu bringen. Demnach besteht die wichtige Aufgabe darin, die wechselseitige Beziehung zwischen den städtebaulichen Elementen herzustellen (Cullen 1971). An diese Auffassung knüpft auch die Stadtbaukunst mit ihrer Vorstellung von einer harmonischen Zuordnung von städtebaulichen Elementen an.

© Springer Fachmedien Wiesbaden GmbH, ein Teil von Springer Nature 2018
C. Reicher, *Erfassung, Bewertung und Sicherung der Stadtgestalt,* essentials,
https://doi.org/10.1007/978-3-658-21889-8_2

2.2   Stadtgestaltung als planerische Aufgabe

Die Qualität der gebauten Umwelt wird durch die Balance der unterschiedlichen Ansprüche an den Stadtraum bestimmt, was einer problemorientierten und vorausschauenden Planung bedarf. Die physischen Determinanten sind mit den Anforderungen an die Nutzung, aber auch mit ökonomischen und sozialen Herausforderungen abzugleichen und in entsprechende planerische Vorgaben (wie Bauleitpläne, Rahmenpläne u. a.) zu übersetzen.

2.3   Stadtgestaltung als gesellschaftliche Aufgabe

Obwohl Menschen ein gemeinsames Grundbedürfnis haben, sich in einem Stadtraum wohlzufühlen, sind die individuellen Erwartungen an den Raum äußerst unterschiedlich. Die Frage, wie nutzungsoffen Räume sind und welche Möglichkeiten der Aneignung sie bieten, hat unmittelbar etwas mit ihrer Gestaltung zu. Auch gesellschaftspolitische Wertvorstellungen, die vielfach mit dem kulturellen Hintergrund verwoben sind, spiegeln sich in der Stadtgestaltung unmittelbar wider.

Stadtgestaltung ist demnach ein komplexes inhaltliches Feld, das unterschiedliche Herausforderungen zu bedienen hat, und nur in einer interdisziplinären Herangehensweise dieser Komplexität gerecht werden und überzeugende Konzepte liefern kann.

Geschichte der Stadtgestaltung 3

Menschen leben seit mehr als 5000 Jahren in städtischen Organisationsformen; die erste Großstadt haben Archäologen im Süden Mesopotamiens entdeckt. Im Verlauf der Zeit haben sich Menschen eine ausgesprochene Vielfalt an unterschiedlichsten Lebensräumen geschaffen, die jeweils Ausdruck ihrer kulturellen, ökonomischen und gesellschaftlichen Verhältnisse ist (Reicher 2017, S. 21).

Der Blick auf die Entstehungsgeschichte der Stadt macht deutlich, dass sich die spezifischen Voraussetzungen und natürlichen Gegebenheiten – wie die Topografie, die Bodenbedingungen und das Klima – in der gebauten Struktur einer Stadt widerspiegeln. Auch die Materialien, die bei der Errichtung der Bauten, bei der Erstellung der Infrastrukturen und bei der Ausgestaltung der Freiräume und verwendet wurden, sind auf regional vorkommende Ressourcen zurückzuführen und haben dadurch spezifische Prägungen. Sie haben die Gestalt der Städte, insbesondere der Altstädte, nachhaltig geprägt und ihnen eine Identität verliehen (Schröteler-von Brandt 2014, S. 8). Die äußere Erscheinung der Stadt ist jedoch maßgeblich auch das Ergebnis einer bewussten Stadtgestaltung, einer Verständigung über die symbolischen und ästhetischen Gesichtspunkte. Wenn Michael Trieb in seinen Ausführungen zu den italienischen Stadtstaaten von dem „Märchen von der gewachsenen Stadt" spricht (Trieb 1974, S. 30), wird damit der bewusste Gestaltungswille durch Erlasse zu einheitlicher Formgebung und Materialwahl betont. Erst diese Vorschriften, deren Umsetzung teilweise von „Stadtgestaltungsbeamten" überwacht und von detaillierten Bauordnungen begleitet wurde (vgl. Braunsfeld 1953), hat zu dieser homogenen Gestalt der Städte geführt.

Städte zeichnen sich also durch bauliche Eigenschaften und Gestaltungsmerkmale aus, die während ihrer Entstehungsgeschichte durch unterschiedliche Einflussnahmen geprägt worden sind. Die Konstanz und Variabilität dieser Merkmale stellt sich unterschiedlich dar. Einmal errichtet, bestehen gebaute Strukturen meist länger als ihre Funktionalität. Oft können sie sich den wechselnden Anforderungen nur schwer

© Springer Fachmedien Wiesbaden GmbH, ein Teil von Springer Nature 2018
C. Reicher, *Erfassung, Bewertung und Sicherung der Stadtgestalt*, essentials,
https://doi.org/10.1007/978-3-658-21889-8_3

anpassen. Aus diesem Grunde gehören auch Gestaltungssünden der Vergangenheit zu prägenden Faktoren einer Stadt (Schröteler-von Brandt 2014, S. 9).

3.1   Antike und Mittelalter

Die Wurzeln der Europäischen Stadt gehen zurück auf die griechische Stadt zur Zeit der klassischen Antike. Organisation und Gestaltung der antiken Stadt folgten einem formalen und funktionalen Ordnungsprinzip. Prägend für diese Epoche der Stadtentwicklung waren der rasterförmig aufgebaute Stadtgrundriss, die Einheitlichkeit des Stadtbildes sowie der besondere Stellenwert des öffentlichen Raums. Die antike Stadt wurde vielfach als „Einheitsstädtebau" bezeichnet, die über einen markanten öffentlichen Raum, die *„agora"*, als Herzstück der gesellschaftlichen und politischen Öffentlichkeit verfügt.

Im Gegensatz zur antiken Stadt kennt die mittelalterliche Stadt kaum regelmäßige und rechtwinklige Stadtanlagen. Die organische und scheinbar gewachsene Stadt des Mittelalters war vielfach das Resultat planerischer Vorgaben zu Struktur und Gestalt. Auch hinsichtlich ihrer Höhenentwicklung und der Wirkung ihrer Stadtsilhouette wurden diese Städte bewusst angelegt. Es sind künstlerische Leitlinien erstellt worden, anhand derer die mittelalterlichen Städte gestaltet wurden. Diese Prinzipien wurden in der Renaissance und im Barock weiterentwickelt (Trieb 1974, S. 31). Viele dieser historischen Gesetzmäßigkeiten, insbesondere auch ihre Straßennetze mit den Krümmungen und Blickbrechungen, haben heute noch Bestand und prägen die Eigenart vieler Städte.

3.2   Industrialisierung und Gründerzeit

Besonders dynamisch entwickelten sich die Städte im 19. Jahrhundert. Die Industrialisierung und das rasante Wirtschaftswachstum ließen die Städte explosionsartig wachsen. Im Gefolge dieser Entwicklung führten Wohnungsnot und Flächenknappheit zu einer extremen Verdichtung und zu großflächigen Wachstumsschüben. Die markanten Gründerzeitviertel, die – mit ihren Stärken und Schwächen – heute noch die Gestalt vieler Städte mit prägen, stammen zu großen Teilen aus dieser Zeit (Schröteler-von Brandt 2014, S. 9).

3.3   Moderne und Funktionalismus

Anfang des 20. Jahrhunderts sind neue städtebauliche Leitbilder als Gegenentwürfe zum extremen Stadtwachstum und zur baulichen Verdichtung entstanden. So konzentrierte sich das Leitbild der „Moderne" auf ein Alternativmodell zur dichten Großstadt, um damit die schlechten Lebensverhältnisse in den Städten zu verbessern. Die 1933 verabschiedete „Charta von Athen" als ideologischer Ausgangspunkt der funktionalen Stadt sah vor, die städtischen Funktionen von Arbeiten, Freizeit und Wohnen räumlich zu trennen und damit die gegenseitige negative Beeinflussung zu reduzieren. Dieses Leitbild fand große Beachtung auch beim Wiederaufbau der deutschen Städte nach dem Zweiten Weltkrieg und hat sich in den Gestaltvorstellungen einer „gegliederten und aufgelockerten Stadt" niedergeschlagen.

3.4   Urbanität durch Dichte

Zu den wenig dichten und großflächigen Stadterweiterungen und Siedlungsentwicklungen, die als zu wenig urban kritisiert wurden, lieferte das städtebauliche Leitbild der „Urbanität durch Dichte" einen entsprechenden Gegenentwurf. Mit der Intention, mehr Urbanität zu schaffen, entstanden Großsiedlungen und ganze Satellitenstädte, die sich vor allem durch einen Maßstabssprung in der Vertikalen auszeichneten. Rückblickend betrachtet, wurde der Anspruch an Urbanität nicht eingelöst und das städtebauliche Leitbild bereits eine Generation später wieder verworfen (Reicher 2017, S. 26).

3.5   Bestandserhaltung und Stadterneuerung

Das Europäische Denkmalschutzjahr 1975 stellte einen Wendepunkt im Umgang mit der Stadt dar. Statt neuer großräumiger Strukturen wurden nunmehr Konzepte entwickelt, die den historischen Bestand wertgeschätzt und weitergebaut haben. Konzepte der behutsamen Stadterneuerung und der Bestandspflege traten an die Stelle von Flächensanierung und Abriss von sanierungsbedürftigem Baubestand.

3.6 Transformation und Rückbesinnung auf die Europäische Stadt

In den letzten Jahrzehnten und bis in die Gegenwart bestimmen unterschiedliche Rahmenbedingungen und Herausforderungen die Entwicklung und Gestaltung der Städte: Schrumpfung, Stagnation und Wachstum. Im Zuge des Strukturwandels sind industrielle Nutzungen aufgegeben worden. Die Konversion auf brachgefallenen und untergenutzten Flächen in den Städten (Industriegelände, Militärflächen, Eisenbahnareale, Hafengebiete u. a.) wird zu einem zentralen Thema der Stadtentwicklung. Hiermit ist auch ein neuer Umgang mit Freiflächen und Landschaft zum Thema in der Stadt geworden, insbesondere in schrumpfenden Städten ohne entsprechenden Entwicklungsdruck. Die Gestaltung der Transformation von Stadt wird zum bestimmenden Thema, verbunden mit der Frage, welche Funktion die historische Prägung der Stadt in diesem Zusammenhang einnehmen kann. Die Europäische Stadt als historisch geprägter Ort, an dem sich die bürgerliche Gesellschaft entwickeln konnte (vgl. Siebel 2004), wird zum Leitbild für eine kompakte, nutzungsgemischte und sozial integrierende Stadt.

Von der Konstanz und Dynamik der Stadtgestalt

4

Der Blick in die Geschichte hat gezeigt, dass sich ökonomische und gesellschaftliche Veränderungen in neue Vorstellungen von Stadt und ihrer Gestaltung niederschlagen – sei es als Versuch, die bestehenden Probleme zu lösen, oder als Rückbesinnung auf Qualitäten historischer Gesetzmäßigkeiten.

4.1 Stadtgestalt als dynamischer Prozess

Die Gestalt einer Stadt ist kein statischer Zustand. Die Einflussnahme auf gestaltwirksame Elemente und Teilbereiche einer Stadt im Sinne der Stadtgestaltung macht deutlich, dass die Stadtgestalt aktiv und bewusst verändert werden kann. Die Form der Beeinflussung der Gestalt kann sich dabei auf verschiedene Handlungen beziehen: Es kann um das Hinzufügen von Neuem gehen, aber auch um die Sicherung von Vorhandenem. Die Stadtgestalt ist demnach einem stetigen Wandel ausgesetzt: durch Abriss und Neubau, durch architektonische Neuplanungen und Umbauten sowie durch Veränderungen der öffentlichen und privaten Räume. Die Stadtgestalt ist das Resultat eines Prozesses der Entscheidungsfindung und ist somit als „baulich-materielles Ergebnis politisch-planerischer Strukturen und Prozesse zu verstehen" (Hackenberg 2014, S. 22).

4.2 Stadtgestalt als additives Gebilde

Da sich Städte und ihre Teilbereiche (Stadtteile, Quartiere, Ensembles, Gebäude) aus verschiedenen Komponenten zusammensetzen, also additive Gebilde sind, entscheidet deren Zusammenwirken über die Stadtgestalt. Zudem nutzen wir als

© Springer Fachmedien Wiesbaden GmbH, ein Teil von Springer Nature 2018
C. Reicher, *Erfassung, Bewertung und Sicherung der Stadtgestalt,* essentials,
https://doi.org/10.1007/978-3-658-21889-8_4

Beobachter bestimmte Wege in der Stadt und können deshalb nur Teilräume im Sinne der Stadtgestalt wahrnehmen.

Neben der gebauten Struktur kommt dem Freiraum die Rolle eines gleichberechtigen Mitspielers bei der Schaffung von Gestaltqualität zu. Die Baustrukturen und die Frei- und Stadträume bestimmen in ihrer Vernetzung und in ihrem Zusammenspiel über die Gestalt der Stadt.

4.3   Stadtgestalt als Standortfaktor

In der Vergangenheit beriefen sich Unternehmen bei der Suche nach neuen Unternehmensstandorten ausschließlich auf rationale und ökonomische Aspekte. Diese „harten" Standortfaktoren haben jedoch spätestens mit dem Strukturwandel an Bedeutung verloren. Für Betriebe mit hoch qualifizierten Arbeitskräften im Dienstleistungsgewerbe ist die Zufriedenheit des Personals zu einem wichtigen Standortfaktor geworden. Unternehmen sind daher bemüht, ihren Beschäftigten einen attraktiven Wohnort in Arbeitsnähe zu bieten. Gerade markante und unverwechselbare Räume sind ein wichtiges Alleinstellungsmerkmal und fungieren als Visitenkarte für Unternehmer, Bewohner und Besucher. Vor diesem Hintergrund stellt die Stadtgestalt einen „weichen", nur schwer messbaren Standortfaktor dar, der einer Stadt zu einem positiveren Image verhelfen und Investitionsentscheidungen begünstigen kann (BMVBW 2005, S. 77).

Dimensionen der Stadtgestalt 5

Die Stadtgestalt bezieht sich auf die wahrnehmbare Komposition von vier verschiedenen Dimensionen, die maßgeblich die Gestalt der Stadt beeinflussen und je nach Ort und Kontext in einer komplexen Ordnung zueinander stehen. Auf jede dieser vier Dimensionen kann gestaltend Einfluss genommen werden (s. Abb. 5.1–5.4).

© Springer Fachmedien Wiesbaden GmbH, ein Teil von Springer Nature 2018   11
C. Reicher, *Erfassung, Bewertung und Sicherung der Stadtgestalt,* essentials,
https://doi.org/10.1007/978-3-658-21889-8_5

5.1   Strukturebene

Die erste Dimension bezieht sich auf Strukturen im Sinne von Grundmustern. Dies können Raster, aber auch differenzierte geometrische und organische Muster sein, welche die grundlegende Ordnung eines Quartiers, eines Stadtteils oder auch einer ganzen Stadt bestimmen.

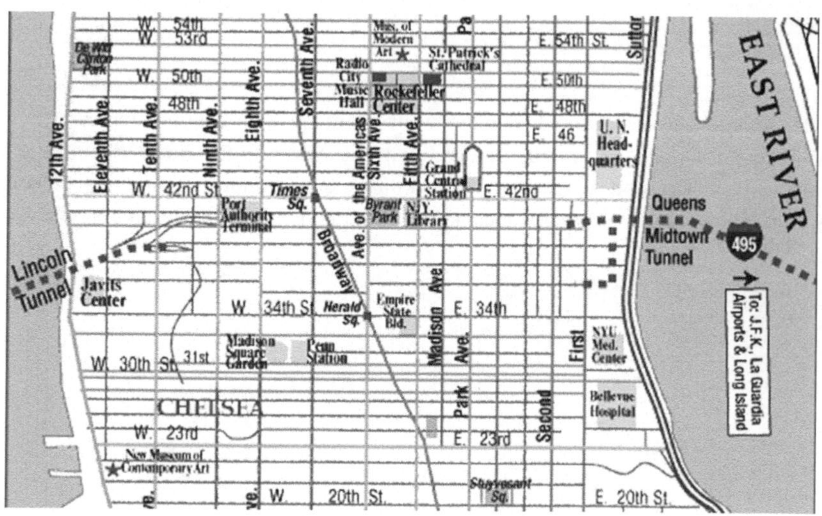

Abb. 5.1 Die Dimensionen der Stadt am Beispiel Manhattan, New York – 1. Dimension. (Quelle: Rowe, C. und Koetter, F. 1984, S. 166)

5.2   Längen- und Breitenausdehnung

Die zweite Dimension bezieht sich auf die räumliche Ausdehnung: Den strukturellen Grundmustern werden flächenhafte Aussagen zu den überbauten und freien
Bereichen hinzugefügt (Abb. 5.2).

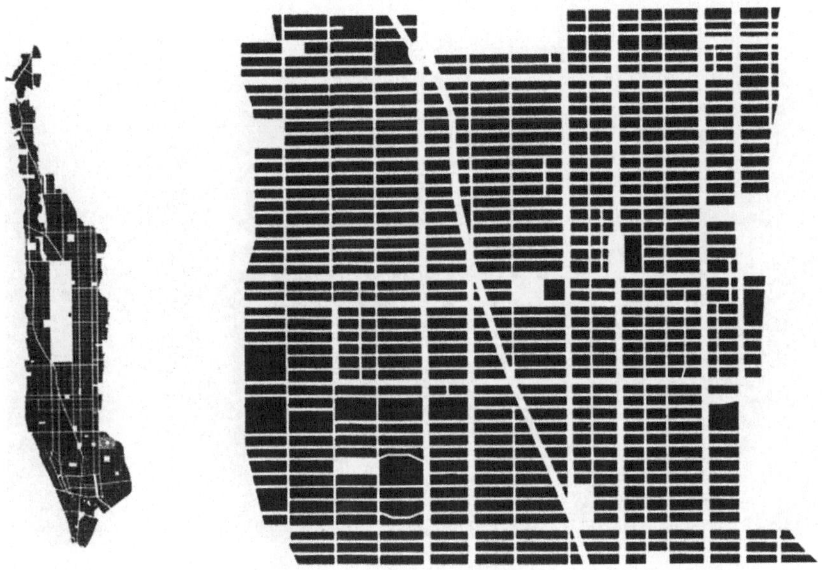

Abb. 5.2 Die Dimensionen der Stadt am Beispiel Manhattan, New York – 2. Dimension.
(Quelle: Rowe, C. und Koetter, F. 1984, S. 166)

5.3   Höhenentwicklung

Die dritte Dimension verleiht der flächenhaften, zweidimensionalen Struktur ihre Vertikalität: Bebauung und Freiräume erfahren eine Höhenentwicklung, die sich in der Nahwirkung auf den erlebbaren Stadtraum auswirkt und in der Fernwirkung die Stadtsilhouette prägt (Abb. 5.3).

Abb. 5.3 Die Dimensionen der Stadt am Beispiel Manhattan, New York – 3. Dimension. (Quelle: Rowe, C. und Koetter, F. 1984, S. 166)

5.4 Gestalt und Atmosphäre

Diese vierte Dimension kommt in der Architektur und Ausbildung der Fassaden, ihren Proportionen, ihrer Materialität, aber auch in der Dachlandschaft zum Ausdruck. Sie bezieht sich auf die gebaute Form und deren vom Betrachtenden subjektiv wahrgenommene Ausstrahlung. Die Stadträume verbreiten eine atmosphärische Wirkung, die – in Abhängigkeit von der individuellen Aufnahmefähigkeit – die Empfindung des Betrachtenden beeinflusst, im positiven wie im negativen Sinne (Abb. 5.4).

Abb. 5.4 Die Dimensionen der Stadt am Beispiel Manhattan, New York – 4. Dimension. (Quelle: Rowe, C. und Koetter, F. 1984, S. 166)

Theorien zur Stadtgestalt 6

„Eine Theorie der Stadtgestalt, des Urban Design, muss (…) Kategorien, Werte, Masse finden für das rationale Erfassen der formalen Möglichkeiten von Stadt", so hat der Stadtplaner Thomas Sieverts seine Erwartungen an die Stadtgestalt formuliert (Sieverts, in: Winter 1988, S. 338). In den vergangenen Jahrzehnten haben sich verschiedene Städtebauer und Stadtforscher mit der Stadtgestalt auseinandergesetzt und unterschiedliche inhaltliche Schwerpunkte gesetzt:

6.1 Kevin Lynch: Das Bild der Stadt

Kevin Lynch beschäftigt sich in seinem Buch „Das Bild der Stadt" (1965) mit dem Phänomen der äußeren Form von Stadt. Im Mittelpunkt seiner Arbeit steht das Bild der Stadt, das er insbesondere im Hinblick auf die Wirkung, die Wahrnehmung und die Orientierung untersucht. Das Bild der Stadt oder eines Ortes setzt sich nach Kevin Lynchs Untersuchungen aus fünf typisierenden Elementen zusammen, die sich auf gegenständliche Formen beziehen: Wege, Grenzlinien, Bereiche, Brennpunkte und Merkzeichen. Die Elemente beschreiben städtische Kontexte, aber auch Landschaften oder Ausschnitte aus dem gesamtstädtischen Kontext. „Die Kategorien scheinen jedoch auf einer bestimmten Ebene für einen bestimmten Beobachter einen dauernden Wert zu haben. Keines der oben isoliert aufgeführten Elemente tritt in Wirklichkeit isoliert auf. Bereiche umfassen in ihrer Struktur Brennpunkte, Grenzen, Wege und Merkzeichen. Die Elemente greifen ineinander und durchdringen einander." (Lynch 2013, S. 63).

© Springer Fachmedien Wiesbaden GmbH, ein Teil von Springer Nature 2018 17
C. Reicher, *Erfassung, Bewertung und Sicherung der Stadtgestalt,* essentials,
https://doi.org/10.1007/978-3-658-21889-8_6

6.2   Michael Trieb: Stadtgestaltung – Theorie und Praxis

Das 1974 erschienene Werk von Michael Trieb „Stadtgestaltung – Theorie und Pra-xis" baut auf dem Gedankengut von Lynch auf. Trieb versucht in seinem Forschungs-ansatz, eine Zwischenbilanz der bestehenden Theorien zur Raumwahrnehmung zu ziehen und vertieft hierbei die psychologischen Aspekte der Wahrnehmung sowie die Übertragbarkeit dieser Erkenntnisse auf die Planungspraxis. Verschiedene Aspekte erscheinen im Rahmen seiner Arbeit weiterführend: die Differenzierung der Wahrneh-mungsstufen, die Aspekte des Imageprozesses sowie die mögliche Beeinflussung die-ses Prozesses. Trieb thematisiert, dass Raum – hier als „Umwelt" bezeichnet – nicht einfach wahrgenommen wird, sondern dass sich die Wahrnehmung des Raumes in einem mehrstufigen Prozess verändert, bis am Ende ein individuell abgespeichertes Abbild von ihm in Erinnerung bleibt. Trieb etabliert den Begriff „Stufen der Umwel-terfahrung" und unterscheidet zwischen der „vorhandenen", der „wirksamen" und der „erlebten Umwelt" (vgl. Trieb 1974, S. 48 ff.) und leitet hieraus sein Verständnis der Stadtgestalt ab: „Die Ebene der Stadtgestalt ist ein umschlossenes Kontinuum, das durch Begrenzungen definiert wird […], mit dem der Mensch bewusst oder unbe-wusst in ständiger Wechselbeziehung steht." (Trieb 1974, S. 60).

6.3   Gerhard Curdes: Stadtstruktur und Stadtgestaltung

Unter der Stadtgestalt versteht Gerhard Curdes vor allem „Makrogestalt", zu der die einzelnen Teilbereiche einen Beitrag leisten (vgl. Curdes 1997). Er weist in seinem Buch „Stadtstruktur und Stadtgestaltung" zum einen auf die verschiede-nen Dimensionen der Stadtgestalt hin, die von den objektiv vorhandenen physi-schen Elementen der Stadt bis hin zur Wirkung der Gestalt auf Bewohnerschaft und Nutzer reichen; zum anderen sieht er in der Stadtgestaltung eine Teilaufgabe, die es auf jeder Ebene des planerischen Handelns zu integrieren gilt. Bereits in den 1990er-Jahren forderte er Leitlinien oder zumindest einen Konsens darüber, wo und in welcher Detailschärfe Gestalt ein Thema der planerischen und politischen Einflussnahme sein soll.

6.4   Dieter Prinz: Städtebauliches Gestalten

Für Dieter Prinz hat in der Beschäftigung mit der Stadtgestalt der Begriff „Ordnung" eine entscheidende Bedeutung. In der Ordnung sieht er „ein wichtiges Mittel der Gestaltung, das sich in Maßverhältnissen, Proportionen und Strukturbildern darstellt (von der großmaßstäblichen, strukturellen Gliederung von Stadtgrundrissen bis zur Formgebung von Objekten)." (Prinz 1997, S. 30). Er setzt sich intensiv mit dem Prozess des funktionalen und gestalterischen Ordnens auseinander und beschreibt Wege, wie aus der Un-Ordnung durch Zu-Ordnung und Ein-Ordnung ein Zustand der Ausgewogenheit und der Harmonie erzeugt werden kann, den er als Ziel jedes Gestaltungsprozesses ansieht.

Die Auseinandersetzung mit diesen unterschiedlichen Theorien der zurückliegenden Dekaden macht deutlich, dass der Begriff der Stadtgestalt in einem erweiterten Begriffspektrum zu sehen ist, wenn man seine derzeitige Relevanz hinreichend verstehen will:

7.1 Stadt-Bild

Städte werden heute zunehmend über Bilder kommuniziert. In der Wahrnehmung von Städten spielt die physische Stadtgestalt sowohl nach außen als auch nach innen eine wichtige Rolle. Bilder tragen zum Verstehen der Wirklichkeit bei. Dabei stellt ein Bild etwas dar, was es selbst nicht ist, es bindet Einzelmerkmale zu einem Ganzen zusammen (vgl. Boehm 1994). Mit dem Stadtbild ist demnach die optische Wahrnehmung der Stadt in ihrer Gesamtheit gemeint.

7.2 Stadt-Erscheinung

Jeder Beobachter speichert den städtischen Raum als „inneres" Bild – als Stadt-Erscheinung – ab. Die Umwelt wirkt auf uns ein und ist damit mehr als die Summe der physischen Umwelt. Dieses Bild wird durch die Stadtgestalt strukturiert und durch die Ebene der Stadt-Erscheinung vorselektiert. Das so erzeugte Stadtbild ist damit das Ergebnis einer Wechselbeziehung zwischen Individuum und Umwelt.

Als Produkt dieser ständigen Wechselbeziehung ist die reale Welt konkrete Wirklichkeit und damit für den Beobachter eine Art „Performance" des Raumes. Stadtgestalt, Stadt-Bild und Stadt-Erscheinung bedingen einander und werden heute, zu Beginn des 21. Jahrhunderts, durch die Ebene der Medien ergänzt. Dieser

© Springer Fachmedien Wiesbaden GmbH, ein Teil von Springer Nature 2018   21
C. Reicher, *Erfassung, Bewertung und Sicherung der Stadtgestalt,* essentials,
https://doi.org/10.1007/978-3-658-21889-8_7

Aspekt führt zu einer Erweiterung und neuen Definition der Wahrnehmungsebenen von Stadtgestalt.

7.3　Stadt-Image

Im Kontext des Wettbewerbs um Einwohner, Touristen und Unternehmen werden heute Städte immer mehr wie Produkte vermarktet, obwohl sie viel komplexer als ein Konsumgegenstand sind. Ein spezifisches Stadt-Image wird verstärkt zur inneren Identitätsbildungsstrategie und als nach außen gerichtete Vermarktungsstrategie genutzt (vgl. Roost 2014).

Der Begriff des Stadt-Images wird spätestens seit den 1980er-Jahren in den Diskussionen um Stadtgestaltung omnipräsent. Eine der grundlegenden Arbeiten hierzu hat George Herbert Mead 1973 unter dem Titel „Geist, Identität und Gesellschaft" veröffentlicht (vgl. Mead 2005). Erfolgreiche Stadt-Images sind kein Kunstprodukt, sondern sie basieren auf den vorhandenen, insbesondere auch symbolhaften Potenzialen einer Stadt oder eines Ortes und profilieren diese im Sinne einer wahrnehmbaren Imagestrategie. Eine Weiterentwicklung von Ansätzen der Image-Bildung ist in den Strategien des „Branding" und des „Placemaking" zu erkennen (s. auch Abb. 7.1).

Abb. 7.1　Die Image-Bildung am Beispiel des Dortmunder U. (Foto: Uwe Grützner)

Methoden zur Erfassung und Bewertung der Stadtgestalt

8

„Jede städtische Planung macht eine Analyse des Betrachtungsgebietes erforderlich." (Schwalbach 2009, S. 9). Eine Analyse der Bestandssituation ist mehr als die Darstellung der bestehenden Gebäude im Stadtgrundriss. Sie ist eine Art „Ortskunde", die herausarbeitet, wie die Entwicklungsphasen die Raumstruktur und den Baubestand in einem Stadtgebiet verändert haben und welche besonderen Merkmale das Bild der Stadt prägen.

In Abhängigkeit von der Aufgabenstellung kann die Erfassung der Stadtgestalt eine wichtige Rolle als integrierter Bestandteil der Analyse und der Gesamteinschätzung eines Ortes oder eines Plangebietes spielen. Folgende Methoden können – neben vielfältigen digitalen Hilfsmitteln – zur Erfassung und Bewertung der Stadtgestalt hilfreich sein:

8.1 Stadtbild-Analyse

Im Rahmen der Stadtbild-Analyse wird herausgearbeitet, welche wesentlichen städtebaulichen, architektonischen und gestalterischen Merkmale das Stadtbild prägen. Eine fundierte Analyse der bestehenden Situation mit dem Fokus auf das Stadtbild stellt die historischen Gesetzmäßigkeiten und Besonderheiten der Gegebenheiten dar, betrachtet die gebauten Strukturen, deren Körnigkeit und raumbildende Wirkung, wichtige Blickbeziehungen und Blickachsen, die Verteilung der Funktionen, Baumaterialien und regionaltypische Bautraditionen. Eine Stadtbild-Analyse umfasst demnach Faktoren wie Raumsequenz, Sichtbeziehung, Gebäudestellung, Bauart, Dachlandschaft, typische Details usw. Auf der Grundlage der Stadtbild-Analyse werden Gestaltungsleitlinien, ein Stadtbild-Plan oder auch Gestaltungssatzungen erarbeitet.

© Springer Fachmedien Wiesbaden GmbH, ein Teil von Springer Nature 2018   23
C. Reicher, *Erfassung, Bewertung und Sicherung der Stadtgestalt,* essentials,
https://doi.org/10.1007/978-3-658-21889-8_8

8.2   Raum-Gestalt-Analyse

Diese Analyseform bezieht sich schwerpunktmäßig auf den strukturellen Aspekt der Stadtgestalt. Im Fokus der Betrachtung stehen die Elemente, die den Raum begrenzen und räumliche Akzente im dreidimensionalen Gefüge der Stadt setzen.

8.3   Atmosphärische Kartierung

Die Atmosphäre eines Stadtraumes und seiner Gestalt wird häufig nur unbewusst wahrgenommen. Bei der Kartierung von Atmosphären geht es um die ästhetische Wahrnehmung von Räumen, ihren Stimmungen und ihren affektiven, also gefühlsbetonten Qualitäten und Wirkungen auf den Menschen. Die atmosphärische Kartierung verfolgt das Ziel, solche Wahrnehmungen zu systematisieren, sie lesbar und diskutierbar zu machen, um sie damit in das Planen und Entwerfen einfließen lassen zu können (vgl. Reicher 2014, S. 169).

8.4   Gestaltwert-Analyse

Hierbei steht die Bewertung städtebaulicher Gestaltqualitäten im Vordergrund. Die städtebaulichen Merkmalsträger wie Einzelgebäude, Orte, öffentliche Räume usw. werden mithilfe einzelner Bewertungskriterien (Maßstäblichkeit, Dominanz, Signifikanz, Kontrast usw.) beurteilt.

8.5   Erlebniswert-Analyse

Bei dieser Form der Analyse wird die Wirkung von Gestaltqualitäten auf den Menschen erfasst. Dabei werden Merkmale wie Überraschung, Neuheit, Auffälligkeit, Irritation usw. für die Bewertung hinzugezogen (vgl. Krause 1974).

Die Form der Erfassung und Bewertung der Stadtgestalt ist abhängig von der jeweiligen Zielsetzung, die breit gefächert sein kann. Die Analyse der Stadtgestalt kann dazu dienen, die Diskussion über die städtebauliche und architektonische Qualität insgesamt zu befördern; sie kann auch in verbindliche Vorschriften und Regelungen zur städtebaulichen Ordnung, zur Baukörper- und Fassadengestaltung oder zur Regelung von Werbeanlagen münden.

Wer gestaltet die Stadt? Vom Einfluss der Akteure auf die Stadtgestalt

9

Stadtgestaltung ist ein Prozess, der einem ständigen Wandel unterzogen ist und durch unterschiedliche Akteure beeinflusst wird. Dies sind private, öffentlich oder zivilgesellschaftliche Akteure, die ihre Interessen durchzusetzen versuchen. Die Akteure können hierbei auf die baulich-räumliche, soziale, ökologische und ökonomische Situation einer Stadt Einfluss nehmen, um diese entsprechend ihren Erwartungen zu verändern.

9.1 Zivilgesellschaftliche Akteure

Bürgerinnen und Bürger bestimmen als zivilgesellschaftliche Akteure auf vielfältige Weise die Entwicklung und Gestaltung ihrer Stadt mit. So nehmen sie z. B. durch ihr Konsum- und Mobilitätsverhalten Einfluss auf Entscheidungen des Einzelhandels, der Supermärkte und Warenhäuser auf der Grundlage standortbezogener Kaufkraftanalysen errichtet. Geprägt ist die Stadt auch vom Mobilitätsverhalten ihrer Einwohner; denn dies hat Konsequenzen für die städtebauliche Umweltsituation und prägt wesentlich die Stadtstruktur. Darüber hinaus bringen zivilgesellschaftliche Akteure konkrete Interessen ein, durchaus auch Partikularinteressen, mit denen sie (zumindest indirekt) Einfluss auch auf Stadtgestalt nehmen.

Eine aktive Beteiligung der Bürgerinnen und Bürger wird zunehmend zu einem selbstverständlichen Baustein von Stadtentwicklungs- und Planungsprozessen. Planung kann somit unmittelbarer auf die Bedürfnisse der Menschen vor Ort reagieren; Prozesse der Stadtgestaltung werden transparenter.

© Springer Fachmedien Wiesbaden GmbH, ein Teil von Springer Nature 2018
C. Reicher, *Erfassung, Bewertung und Sicherung der Stadtgestalt*, essentials,
https://doi.org/10.1007/978-3-658-21889-8_9

9.2   Private Akteure

Privatwirtschaftliche Akteure tragen auf vielfältige Weise zur Stadtentwicklung bei. Sie verfügen als Investoren oder Bauherren über die finanziellen Mittel, um Bauprojekte umzusetzen. Mit Blick auf den Mehrwert des einzelnen Bauvorhabens für das Umfeld ist relevant, welche Vorgaben für die städtebauliche Gestaltung seitens der kommunalen Akteure gemacht werden und wie ausgewogen der Aushandlungsprozess zwischen dem privaten und dem öffentlichen Anliegen gestaltet werden kann.

9.3   Öffentliche Akteure

Durch die Erstellung rechtskräftiger Pläne (wie Bebauungsplan, Flächennutzungsplan und Masterplan) können Städte und Gemeinden nachhaltig Einfluss auf die Stadtgestaltung nehmen. Eine städtebauliche Entwicklung, die ausschließlich nach den Prinzipien der ökonomischen Angebots- und Nachfrage-Strategie erfolgen würde, könnte keine nachhaltige und ausgewogene Entwicklung einer Stadt sicherstellen. Wenngleich die öffentlichen Akteure einen Bedeutungsverlust erfahren haben und die Einflussmöglichkeiten privater Unternehmen steigen, so versuchen Städte doch, negativen Entwicklungstrends entgegenzuwirken (vgl. Altrock und Bertram 2012).

Instrumente und Verfahren zur Sicherung der Stadtgestalt 10

Die Stadtgestalt ist ein auf jeder Ebene des städtebaulichen Planens und Handelns relevanter Aspekt. Die einzelnen Elemente, aus denen sich die Stadtgestalt zusammensetzt, lassen sich sowohl hinsichtlich ihrer konkreten Nutzung und Bedeutung als auch hinsichtlich ihrer Erscheinung planen. Sie können damit entscheidend zur Profilierung eines Ortes beitragen. Da das Stadtbild für Stadtbewohner die Basis der von ihnen erlebten Umwelt darstellt, sind die einzelnen Elemente in den gesamten Prozess der Stadtgestaltung in unterschiedlicher Aussagetiefe einzubeziehen (vgl. Abb. 10.1).

10.1 Formelle und informelle Instrumente

Auf die Stadtgestaltung kann mit formellen und informellen Instrumenten und Verfahren Einfluss genommen werden (vgl. hierzu auch Schulz 2016):

Im Rahmen der *Bauleitplanung* werden die Grundprinzipien der Gestaltung durch die Zuordnung von Bebauung zu Freiflächen sowie durch die Nutzungszuweisungen festgelegt. Die Hauptinstrumente auf der kommunalen Ebene sind der *Flächennutzungsplan* sowie der *Bebauungsplan*, die für das gesamte Stadtgebiet oder für Teilbereiche der Stadt Vorgaben zu Siedlungstypen, Art und Maß der baulichen Nutzungen, aber auch zur konkreten Gestaltung der zukünftigen Bebauung machen können.

Im *städtebaulichen Entwurf* (Masterplan, Rahmenplan, städtebauliche Machbarkeitsstudie u. a.) nimmt die Stadtgestalt konkrete Formen an, indem Aussagen und Festlegungen zu den unterschiedlichen Dimensionen gemacht werden. Vorgaben und Leitlinien für die konkrete Umsetzung von Gestaltungsprinzipien können in Form von *Gestaltungshandbüchern* oder *Gestaltungsfibeln* in den Planungsprozess eingebracht werden. Ein *Stadtbildplan*, der die Gestaltungskriterien

© Springer Fachmedien Wiesbaden GmbH, ein Teil von Springer Nature 2018
C. Reicher, *Erfassung, Bewertung und Sicherung der Stadtgestalt*, essentials,
https://doi.org/10.1007/978-3-658-21889-8_10

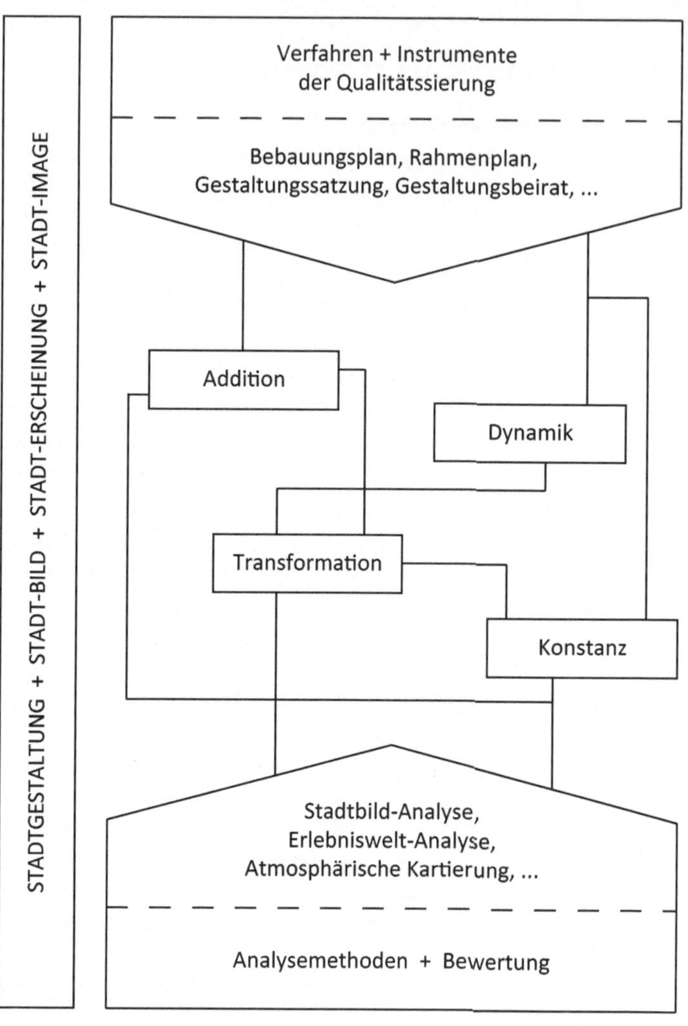

Abb. 10.1 Schema zu den Wirkungszusammenhängen von Stadtgestalt. (Eigene Darstellung)

eines zusammenhängenden Stadtgebietes (dabei meistens auch eines charakteristischen Altstadtbereiches) erfasst, kann Bauherren, Investoren und Architekten als Grundlage für den Umgang mit bestehenden Gebäuden und bei möglichen Neubauplanungen dienen. Ergänzende verbindliche Rechtsvorschriften wie *Gestaltungssatzungen* können sowohl zum Erhalt und Umbau von historischem Bestand als auch für Neubauten und neue Baugebiete eingesetzt werden.

Im Laufe des Planungsprozesses können *Qualifizierungsverfahren* (Wettbewerbe, Gutachterverfahren, …) dazu beitragen, dass qualitätsvolle Konzepte entwickelt und umgesetzt werden. Zudem kann die Begleitung von Bauprojekten und Planungskonzepten durch *Beiräte* (Gestaltungsbeirat, Städtebaubeirat, Baukollegium, …) die Gestaltqualität positiv beeinflussen.

10.2 Auswahl der Instrumente; Beteiligung und Kommunikation

Die bedarfsgerechte Auswahl von Instrumenten der Gestaltsicherung ist von elementarer Bedeutung. Denn gute Ergebnisse sind nur dann gewährleistet, wenn eine frühzeitige und breit getragene Verständigung über Ziele in Planungs- und Bauprozessen diskutiert und umgesetzt wird. Formelle und informelle Instrumente zur abgestimmten Sicherung von Gestaltqualität können sein:

- Bereichssatzungen im Sinne der Denkmalgesetze
- Satzungen im Ortsrecht, z. B. Gestaltungssatzungen, Sanierungssatzungen und Ähnliches
- Verankerung von Gestaltungsqualität in übergeordneten Planungsstrategien, z. B. städtebaulichen Rahmen- oder Masterplänen
- Stadtbildpläne
- Gestaltungshandbücher und -fibeln
- Höhenkonzepte, z. B. Hochhausplan
- Gestaltungsbeiräte
- Konkurrierende Verfahren, z. B. Wettbewerbe, Gutachterverfahren, Mehrfachbeauftragungen oder Ähnliches
- Quartiersarchitekten und aufsuchende Beratungen
- Bauberatungen bei Kommunen und/oder Institutionen (vgl. Leyser-Droste et al. 2016)

Um die Qualität von Baumaßnahmen und deren Akzeptanz gleichermaßen zu fördern, wird es zunehmend wichtiger, die Kommunikation und die Akteursbeteiligung in den Verfahren zu stärken, Transparenz herzustellen, Optimierungsprozesse durch Austausch von Erfahrungen in Gang zu halten und die Ergebnisse auch öffentlich zu präsentieren. Somit kann nicht nur die Entscheidungsfindung nachvollziehbar gemacht werden, sondern auch ein Anspruch an Gestaltung als verständliches Ziel verankert werden.

10.3   Relevanz von Gestaltungsbeiräten zur Gestaltsicherung

Der Gestaltungsbeirat ist in Deutschland ein informelles Instrument der Qualitätssicherung, das sich im städtischen Raum in den letzten zurückliegenden Jahrzehnten etabliert hat. Das Instrument wird in Städten unterschiedlicher Größenordnung entsprechend den jeweiligen kommunalen Anforderungen eingesetzt.

Die Vielfalt des Instruments betrifft die Organisationsform, die Arbeitsweise sowie die Einbettung des Beirats in die Kommune (vgl. BBSR 2017). Unter dem Oberbegriff „Gestaltungsbeirat" firmieren unterschiedliche Bezeichnungen wie Baukollegium, Kommission für Stadtgestaltung, Planungs- und Gestaltungsbeirat, Städtebaubeirat usw. Sie unterscheiden sich durch die Anzahl ihrer Mitglieder, die fachliche (interdisziplinäre) Besetzung, die Einbindung von politischen Vertretern sowie durch die Form der Sitzung (öffentlich und nicht öffentlich). Alle Gestaltungsbeiräte haben eine zentrale Aufgaben: die Beratung von Bauherrenschaft, Verwaltung und Politik. Diese wichtige Rolle von Gestaltungsbeiräten bestätigt Manfred Kühne mit dem Blick auf seine Erfahrung im Baukollegium Berlin: „Die Qualität des alltäglich Gebauten wird (…) auch heute in hohem Maße von der Interaktion von Bauherren mit den genehmigenden Verwaltungen und den parlamentarischen Gremien beeinflusst." (Kühne 2016)

Eine Voraussetzung für die erfolgreiche Tätigkeit eines Gestaltungsbeirates ist das fachliche Know-how seiner Mitglieder sowie deren Fähigkeit, Empfehlungen und Anregungen zu den vorgestellten Planungen und Projekten sprachlich in verständlicher Weise formulieren zu können. Die Wirkung und der Mehrwert von Gestaltungsbeiräten für das Image und die Standortförderung lassen sich nur mittel- bis langfristig bewerten (vgl. BBSR 2017).

Einordnung in den Diskurs über Stadtästhetik 11

Im Zusammenhang mit der Stadtgestalt werden vielfach die Begriffe „Ästhetik" und „Schönheit" verwendet und in ihrem Gebrauch sowie im Verständnis gleichgesetzt. Der Begriff der „Ästhetik" lässt sich auf zwei Quellen zurückführen: Zum einen geht der Begriff auf das griechische Wort *„aisthesis"* zurück, das so viel wie Empfindung oder Wahrnehmung, Gefühl oder Erkenntnis bedeutet. Der Philosoph Alexander Gottlieb Baumgarten (vgl. Baumgarten 1961) entwickelte im 18. Jahrhundert eine eigene Theorie zur Ästhetik. Er beschrieb Ästhetik als eine Theorie der „sinnlichen Erkenntnis" und verstand dies als sinnliches Wahrnehmen und Erfassen von Eindrücken. Die Rolle, die in der Ethik die Vernunft spiele, komme in der Ästhetik dem Geschmack zu, so Baumgarten. Dieser Auffassung trat Hegel entschieden entgegen. Nach seiner Auffassung kann das Schöne als Gegenstand der Imagination, der Intuition, des Gefühls nicht Gegenstand einer Wissenschaft sein und eignet sich nicht für eine philosophische Behandlung (vgl. Hegel 1965).

Zum anderen war schon in der Antike die Rede von Ästhetik, jedoch mit einem anderen Verständnis. Die Griechen haben hierfür den Begriff *„kalokogath'ie"* (aus *kalos* = schön, *kai* = und, *agathos* = gut) gebraucht (vgl. Krause 2007). Diese Zusammenführung des Schönen und des Guten, also das „Schön-Gute" wird in der Stadtgestaltung vielfach als Hilfskonstruktion eingesetzt, um eine wünschenswerte Produktion von Stadträumen zu beschreiben. Auch der italienische Schriftsteller und Philosoph Umberto Eco verweist in diesem Zusammenhang auf die enge Verflechtung von Schönem und Gutem:

> ‚Schön' ist – neben ‚anmutig', ‚hübsch' oder auch ‚erhaben', ‚wunderbar', ‚prächtig' und ähnlichen Wörtern – ein Adjektiv, das wir oft benutzen, um etwas zu bezeichnen, das uns gefällt. Es scheint, so gesehen, als wäre das, was schön ist, identisch mit dem, was gut ist, und tatsächlich gab es in verschiedenen Epochen der Geschichte eine enge Verbindung zwischen dem Schönen und dem Guten. Wenn wir jedoch nach

© Springer Fachmedien Wiesbaden GmbH, ein Teil von Springer Nature 2018
C. Reicher, *Erfassung, Bewertung und Sicherung der Stadtgestalt,* essentials,
https://doi.org/10.1007/978-3-658-21889-8_11

unserer Alltagserfahrung urteilen, neigen wir dazu, als gut nicht nur das zu bezeichnen, was uns gefällt, sondern auch das, was wir gerne hätten (Eco 2007, S. 8).

In diesem Sinne betrachtet Eco die Ähnlichkeit zwischen „Schönem" und „Gutem" unter dem Aspekt des Verlangens nach etwas, das uns zwar gefällt, realiter jedoch womöglich noch gar nicht existiert.

Heute enthält der Begriff „Ästhetik" häufig einen stark normativen Aspekt: Gebäude, Räume oder Objekte werden als „ästhetisch" oder als „unästhetisch" empfunden. Während die „Ästhetik" zunächst eine gewisse Neutralität für sich beansprucht, ist der Begriff der „Schönheit" wesentlich wertender besetzt. In der Debatte über Architektur und Städtebau werden die Aspekte von Schönheit und Ästhetik der Stadt vielfach als Geschmacksfrage abgetan, was die Gefahr birgt, dass deren Wert an sich relativiert wird. Dabei sind die Atmosphäre des Stadtraums, seine Qualität und damit unser Wohlbefinden in hohem Maße von ästhetischen Aspekten beeinflusst. Und – auch das ist keine neue Erkenntnis – die Schönheit der Städte erweist sich als ein zentraler Wirtschafts- und Kulturfaktor. Schon für Werner Hegemann, den streitbaren Publizisten und Stadtplaner zu den Zeiten der großen Städtebauausstellungen am Beginn des vorigen Jahrhunderts, galt Schönheit weder als Selbstzweck noch als ausschließlich ästhetische Dimension, sondern er verstand sie zugleich als eine beständige Optimierung städtischer Räume und des darin stattfindenden Stadtlebens.

Für den Schweizer Stadtplaner Carl Fingerhuth bedeutet die Förderung der Ästhetik der Stadt – also die Stadtästhetik oder auch urbane Ästhetik – die Suche nach einer Stadtgestalt, die differenziert und lesbar ist (vgl. Fingerhuth 2004). Einerseits können Städte unter Umständen eine Vielzahl wunderbarer und ansprechender Architekturen aufweisen, ohne dass das Gebaute eine urbane Ästhetik im städtischen Kontext entfaltet. Andererseits kann ein Mangel an architektonischer Schönheit durch ein hohes Maß an urbaner Ästhetik kompensiert werden. Urbane Ästhetik ist diesem Verständnis zufolge Ausdruck einer komplexen Stimmigkeit, die nicht widerspruchsfrei sein muss, sondern in einem als angenehm oder reizvoll empfundenen Zusammenwirken der Stadträume und ihrer Elemente begründet liegt. Genau diese Positionierung – weg von der generellen Schönheitsdebatte hin zur Stadtästhetik oder urbanen Ästhetik – scheint ein Ausweg aus den derzeitigen Begriffsverwirrungen und Missverständnissen um Schönheit zu sein und kann das Fundament für ein komplexeres Verständnis von Stadtgestalt liefern.

Ein kurzes Fazit

12

Die Stadtgestalt zielt darauf ab, den Bedürfnissen der Menschen nach Identität, Geborgenheit und Erlebnisvielfalt, aber auch nach Schönheit und Harmonie zu entsprechen. Somit hat die Gestalt der Stadt einen entscheidenden Einfluss auf die Lebensqualität.

Die Stadtgestalt steht heute mehr denn je im Spannungsfeld unterschiedlicher Einflüsse; sie ist jedoch im Rahmen der Stadtentwicklungsplanung durch eine Beeinflussung des Bildes und der Nutzung aktiv gestaltbar. Integrierte Vorgehensweisen in der Stadtentwicklung und -gestaltung haben sich bewährt, denn sie sind in der Lage, gestalterische Aspekte mit ökonomischen und sozialen Kriterien zu verbinden und können in ausgewogenem Maße „Bottom-Up"-Ansätze mit „Top-Down"-Ansätzen einer strategischen Entwicklungssteuerung miteinander verknüpfen.

Auch wenn die Stadtgestalt sich wandelnden Gestaltauffassungen ausgesetzt ist, so bleibt das Ziel bestehen: ein attraktives Stadtbild zu erzeugen, das dem Wunsch nach Unverwechselbarkeit und Individualität gerecht wird.

© Springer Fachmedien Wiesbaden GmbH, ein Teil von Springer Nature 2018   33
C. Reicher, *Erfassung, Bewertung und Sicherung der Stadtgestalt*, essentials,
https://doi.org/10.1007/978-3-658-21889-8_12

Was Sie aus diesem *essential* mitnehmen können

- Einen Überblick über den theoretischen Diskurs zur Stadtgestaltung
- Eine systematische Auseinandersetzung mit verschiedenen Haltungen
- Konkrete Hilfestellungen bei der Analyse und Bewertung von Stadtgestalt
- Ein Grundlagenwissen über Instrumente und Verfahren zur Gestaltsicherung

© Springer Fachmedien Wiesbaden GmbH, ein Teil von Springer Nature 2018
C. Reicher, *Erfassung, Bewertung und Sicherung der Stadtgestalt*, essentials,
https://doi.org/10.1007/978-3-658-21889-8

Literatur

Altrock, U., & Bertram, G. (2012). *Wer entwickelt die Stadt. Geschichte und Gegenwart lokaler Governance.* Bielefeld: Transcript.

Baumgarten, A. G. (1961). *Aesthetica, 1750; Nachdruck.* Hildesheim: Olms.

BBSR (Bundesinstitut für Bau-, Stadt- und Raumforschung). (2017). *Mehr Qualität durch Gestaltungsbeiräte. Perspektiven für die Baukultur in Städten und Gemeinden.* Bonn.

BMVBW (Bundesministerium für Verkehr, Bau- und Wohnungswesen). (2005). *Baukultur! Informationen – Argumente – Konzepte.* Hamburg: Junius.

Benevolo, L. (1993a). *Die Stadt in der europäischen Geschichte.* München: C. H. Beck.

Benevolo, L. (1993b). *Die Geschichte der Stadt.* Frankfurt a. M.: Campus.

Boehm, G. (Hrsg.). (1994). *Was ist ein Bild?* München: Wilhelm Fink.

Braunsfeld, W. (1953). *Mittelalterliche Stadtbaukunst in der Toskana.* Berlin: Gebr. Mann.

Cullen, G. (1971). *The concise townscape.* New York: Taylor & Francis Ltd.

Curdes, G. (1997). *Stadtstruktur und Stadtgestaltung.* Stuttgart: Kohlhammer.

Eco, U. (2007). *Die Geschichte der Hässlichkeit.* München: Carl Hanser.

Fingerhuth, C. (2004). *Learning from China. Das Tao der Stadt.* Basel: Birkhäuser.

Hackenberg, K. (2014). *Baukultur in der kommunalen Praxis. Akteure, Instrumente und Strategien der Stadtgestaltung in einer schrumpfenden Stadt.* Dissertation, Bonn.

Hegel, G. W. F. (1965). *Ästhetik* (2. Aufl.). Weimar: Europa.

Krause, K.-J. (1974). *Stadtgestalt und Stadterneuerung: Hinweise für die Praxis.* Dortmund: Franz Jos. Henrich.

Krause, K.-J. (2007). Orte der Vertrautheit: Werthaltungen einer stadt- und landschaftsgestalterischen Ästhetik. In H.-P. Ecker (Hrsg.), *Orte des guten Lebens. Entwürfe humaner Lebensräume* (S. 123–142). Würzburg: Königshausen und Neumann.

Kühne, M. (2016). Das Baukollegium. Gestaltungsbeirat unter kooperationsbedürftigen Umständen. In R. Lüscher (Hrsg.), *Baukollegium Berlin. Beraten, vermitteln, überzeugen in einem komplexen Baugeschehen* (S. 65). Berlin: Jovis.

Leyser-Droste, M., Reicher, C., Utku, Y., et al. (2016). Weiterbauen historisch geprägter Stadtstrukturen. Die Qualität des Einfügens im städtebaulichen Kontext. *Forum Stadt, 3,* 279–294.

Lynch, K. (2013). *Das Bild der Stadt.* Basel: Vieweg+Teubner.

Mead, G. H. (2005). *Geist, Identität und Gesellschaft.* Frankfurt a. M.: Suhrkamp.

Prinz, D. (1997). *Städtebauliches Gestalten* (Bd. 2). Stuttgart: Kohlhammer.

© Springer Fachmedien Wiesbaden GmbH, ein Teil von Springer Nature 2018

C. Reicher, *Erfassung, Bewertung und Sicherung der Stadtgestalt,* essentials,

https://doi.org/10.1007/978-3-658-21889-8

Reicher, C. (2014). *Städtebauliches Entwerfen* (3. Aufl.). Wiesbaden: Springer Vieweg.

Reicher, C. (2017). *Städtebauliches Entwerfen* (5. Aufl.). Wiesbaden: Springer Vieweg.

Roost, F. (2014). Image- und Brandingstrategien. In C. Reicher (Hrsg.), *Städtebauliches Entwerfen* (S. 228–232). Wiesbaden: Springer Vieweg.

Rowe, C., & Koetter, F. (1984). *Collage city*. Basel: Birkhäuser.

Schröteler-von Brandt, H. (2014). *Stadtbau- und Stadtplanungsgeschichte: eine Einführung*. Wiesbaden: Springer Vieweg.

Schulz, F. (2016). *Stadtgestalt des Stadtumbaus. Theorie und Praxis im Umgang mit der Stadtgestalt in den Förderprogrammen Stadtumbau Ost und West*. Dissertation, Dortmund.

Schumann, U. M. (Hrsg.). (2009). *Die Stadt: ihre Erfindung in Büchern und Grafiken*. Zürich: GTA.

Schwalbach, G. (2009). *Basic Stadtanalyse*. Basel: Birkhäuser.

Siebel, W. (2004). *Die europäische Stadt*. Frankfurt a. M.: Edition suhrkamp.

Trieb, M. (1974). *Stadtgestaltung – Theorie und Praxis*. Braunschweig: Vieweg.

Winter, H. (1988). Zum Wandel der Schönheitsvorstellungen im modernen Städtebau: Die Bedeutung psychologischer Theorien für das architektonische Denken. *Berichte zur Orts-, Regional- und Landesplanung*, Nr. 65. Zürich.

Lesen Sie hier weiter

Christa Reicher

Städtebauliches Entwerfen

2017, XII, 313 S.
Hardcover € 49,99
ISBN 978-3-658-19872-5

Änderungen vorbehalten.
Erhältlich im Buchhandel oder beim Verlag.

Einfach portofrei bestellen:
leserservice@springer.com
tel +49 (0)6221 345-4301
springer.com